U0067877

香港

八十年代回憶 II

許思庭、剮田武、列當度　合著

天空數位圖書出版

目　錄

🎧日本潮流偶像的產品──讀者家中還有留着嗎?

🎧在香港市中心看到的日落是很美的，此情此景令您想起什麼？會
否是 1989 年梅艷芳所演唱的「夕陽之歌」⋯⋯

2

🎧令人懷念的巨星──張國榮

明星偶像潮流雜誌

❶香港的郵票

∩笑破肚皮的福星電影系列

♠最長壽的香港體育雜誌——奪標

🎧港版 007──最佳拍擋電影系列

☊當年世界盃的維基百科

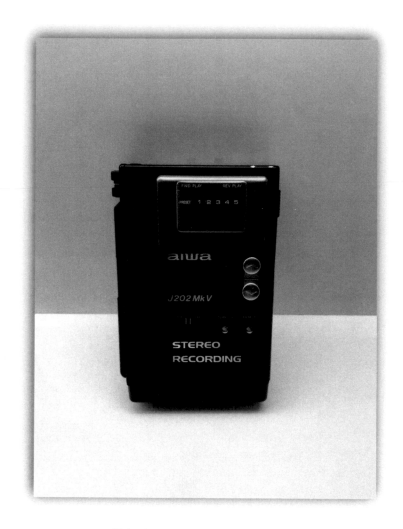

🎧當年宅男的必需品──Walkman

🎧經典愛情電影──秋天的童話

❶誰還記得金獅影視

🎧錄音帶──現在的年青人知道這是什麼嗎？

⋂顏色搶眼的香港地下鐵路車票

🎧當年鐳射影碟的出現令影視租賃店這行業發展得更加興旺

❶鐵路電氣化

↑鐵路電氣化與柴油火車同時運行的一刻

八 香 港
十年代回憶Ⅱ

01

屯門公路

文：許思庭

筆者作為一個使用屯門公路超過三十年的使用者，絕對能夠好好為大家回顧一下它的成長與故事。

當年香港政府於 1973 年起開始了屯門的新市鎮計劃。屯門當時不單止位置偏遠，交通亦相當不方便，因為每天只有一班輪船出入，陸路則只有青山公路可以讓市民往返市區。縱使屯門公路通車了，但隨著屯門人口不段增加及發展，繁忙時間塞車情況不時出現。就算現在已經有港鐵的西鐵線能直達屯門，但依然讓很多市民覺得屯門是一個「偏避」及交通不便的地方。

我對屯門公路是「又愛又恨」。於 1974 年政府決定興建全港首條高速公路「屯門公路」，對於當時的工程人員來說是一項相當具挑戰性的考驗。因為要沿著灣灣曲曲的海岸線進行工程，而且大部分位置都是斜坡，平的路段是少之又少。因為要興建公路不單止要挖開山坡的泥土來建造一條來回方向共六條行車線的「路」出來就可以，更加要考慮到安全性及保養問題，例如：屯門公路旁邊的山坡能否抵抗狂風暴雨、會否因此出現山泥傾瀉的情況、基本排水的渠道工程足夠嗎、更要有前瞻性公路的興建與未來擴建發展的方向能否配合等等。

筆者也是見證著屯門公路的發展與成長。小時候很不喜歡離開屯門往「市區」去，尤其是夏天，坐在悶熱的巴士上，已經是令人汗流浹背，加上引擎傳來煩躁的聲音，令我感到更不自在。如果巴士是行駛著還好，因為還算有風流動，雖然要忍受公路上排出的廢氣，但還是比遇上塞車好。

　　隨著時間過去，時代及經濟發展進步，出現了「冷氣」巴士。還記得第一次坐在冷氣的車箱走在屯門公路，那時我才終於有心情細意欣賞沿途的風景。

　　上班時段塞車情況很嚴重，在擠迫的巴士上站著塞車記憶猶新。因此，後來馬路上設立了「巴士專線」，令某些路段在指定的時間內只供巴士行駛，好讓上班族比較容易預算上班的時間。

　　說到預算時間，屯門公路最令人感到不安的就是不知道甚麼時候會有「意外」發生，好大原因就是這個問題導致屯門被「偏僻」化，就算到了西鐵線落成，市民大眾能更有預算何時能到達市區，但依然不能夠改變「偏僻」這個歷史印象。

　　屯門公路後來更大膽實施擴闊路面工程，「大膽」的原因是在如此繁忙的路段架起工程工地、圍欄及大型工程車，進進出出等等。對於同樣是屯門公路「使用者」的我來說，這是必要及無可推卸的忍耐。以我這個用家角度來說，擴闊路面工程實際作有是有限的。因為只是某些路段改為四線行車，之後又要轉為三線行車。如果遇著繁忙時段四線轉三線時，仍常會出現短暫塞車的場面。

　　屯門人很多時候對於屯門能夠有新基建工程會感到很雀躍，舉例說當年玫瑰園計劃中東涌赤鱲角機場、世界級宏大的青馬大橋工程將機場連接到市區、近深井位置興建了的汀九橋將屯門公路及青馬大橋連接起來等等。來來回回的乘車經過屯門公路，從零開始到青馬大橋落成，晚

上亮起點點燈光，像在見證著屯門公路的成長，屯門的成長，香港的成長，還有是你與我一起成長。

02

地下鐵路

文：許思庭

　　如果要細數香港的鐵路發展歷史，早於 1910 年九廣鐵路已經成立。至於地下鐵路的發展，隨著香港城市化的急促發展，商業經濟模式形成，預視地香港人地少人多，寸金尺土的問題。港英政府的遠見早在於 1967 年指出香港必須要興建大型集體運輸系統，地下鐵路的計劃是必然的。

　　於是由 70 年代後期開始展開電氣化工程計劃，並指因應荃灣區一帶的發展，決定荃灣為荃灣線的首站連接到太子站。於 1982 年 5 月正式開放使用。時至今日相信大家都感受到荃灣區因為地下鐵路的落成，令該區帶來發展的益處及市民的便利性有多大的改善。很多人可能也不知道，當日因為要向荃灣的村民提出政府收地興建鐵路站的時候，遇上「強大」的阻力，當地村民作出激烈的反抗，政府力勸無效，更導致要警察武力鎮壓。

　　有不少人曾經以風水角度去解讀，香港之所以有今天的經濟地位，打通地下鐵路，令到地氣可以連接起來，一站接一站，一個地區接一個地區。風水之說真的信不信由你。但是當一個地區「被」地下鐵路連上之後，命運真的是不同了。

　　以荃灣線之一的美孚站作為一個好例子。原名是「荔灣站」後來於 1985 年改稱「美孚站」。這有甚麼幫助？也不用我多說了，看看 1982 年落成的「美孚新邨」，雖已是近四十年的樓齡，依然是香港的十大屋苑之一，售價的是香港樓市市場走勢參考指標之一，而且仍然是有價有市，交投及租務相當活躍。

荃灣線串連起新界與九龍地段，後來更帶動至九龍油麻地至尖沙咀區。至於港島線於八十年代起動是地下鐵路發展的最重要里程碑，因它帶動港島區較偏遠位置也得到發展。在 1982 年及 1983 年分期動工，工程目標為連接起上環站至柴灣站共 37 公里的鐵路運輸。由於要盡量減低對市民生活的影響，1985 年金鐘站至柴灣站率先通車。一年後，於 1986 年上環站亦終於連接起上來。

繼尖沙咀至金鐘的海底隧道鐵路之後，隨著觀塘一帶東九區的新市鎮及由工業慢慢開轉營商業發展等等的因素，1986 年開始著手興建觀塘站經東區海底隧道至香港島的鰂魚涌站，這有效疏導需要經常來往港島區與九龍區的市民。

在八十年並未落成，但爭議卻前所未有激烈的一項地下鐵路計劃就是千億玫瑰園計劃。建造一條連結市區、北大嶼山及機場鐵路。引起了連場政治上及外交上的爭辯。最後通過了興建，是好是壞？各個人看法都不同。

八 ┃ 香　港 ┃
十年代回憶 II

03

熟地聯繫匯率

文：許思庭

要回顧香港聯繫匯率制度之前，首先要簡單說明當中的基本慨念。這套聯繫匯率制度實施自 1983 年 10 月 17 日，香港的貨幣發行局制度，使港元匯率保持穩定在 7.75 至 7.85 港元兌 1 美元的區間之內。

然而，這套行之有效的聯繫匯率制度是香港貨幣金融穩定的重要支柱，經歷超過 30 年，經過多次的經濟周期的考驗，與此同在過去多次地區和全球金融危機後，這個制度的存在穩健可靠及具有長遠運作的意義。

提及到經濟周期的「考驗」，每次出現這些「考驗」的時候，不免讓人對這套聯繫匯率制度出現信心動搖的問題，總是會出現是否要考慮「脫勾」的時候？

世界雖然不停在變，時代步伐是不會停下來的，但總要了解起源，才能明白到當中的前因後果，一起回望過去，我相信才能夠更確實去面對將來經濟上的挑戰。

首次出現港元與美元掛勾是 1972-74 年，以穩定港元在國際間的信心，但好景不常，1974 年 11 月美元出現弱勢，這對香港經濟間受到不穩定影響，香港政府當局嘗試將匯率改為自由浮動，起初表面上似乎是能夠平穩及受到控制，但自 1977 年起，香港經濟再度出現一系列有關貿易、通脹、貨幣貶值問題等等。

1980 年香港人開始對前途問題產生憂慮及後出現股災問題，港人對港元又再一次出現信心危機，引發港元貶值問題。港元危機問題一直持續到 1983 年，港元兌美元跌至歷史低點。

同年 1983 年 10 月 15 日，港府要安定民心及平定香港金融體系，吸取過往經驗後，新一次的聯繫匯率制度正式面世，由當時任職財政司的彭勵治頒布聯繫匯率定位，港元再度與美元掛勾，匯率定為 7.8 港元兌 1 美元。港元信心危機終於漸漸解除，聯繫匯率制度一直實行至今。

聯繫匯率自實施以來，面對過最大一次的「衝擊」就是 1998 年亞洲金融風暴。國際炒家第二波的戰場正正是香港，幸好三次的進擊也未能摧毀港元。第四次進擊也是就是亞洲金融風暴的落幕的時候，代表著香港特區政府成功捍衛聯繫匯率。

當時候香港特區政府的一個冒險決定就是動用了大量財政儲備投入股市，一度佔有港股 7%的市值，更成為部分公司的大股東，所以一旦股市繼續下挫，聯繫匯率將有可能崩潰。後來政府所持有的股票回歸於市場，最終成為今天的「盈富基金」。

雖然金融大風暴過去，與美元掛勾間接地等同於與美國的經濟發展牽引在一起。縱使是世界大國，經濟及周邊地區亦會對美國造成不同等級的影響。

同樣地，香港每當遇上不同大大小小的金融及經濟風暴時就總會聽到有知識分子或專家發表「脫勾」的言論，很多時候都是集中於世界已

經不是美國獨大的世紀，緊抱這個聯繫匯率會令香港固步自封？但放手又會否讓國際炒家有機可乘？過去的歷史教訓難以令人遺忘。帶著幸運成份地逃過了香港經濟體系毀滅的危機，但一下次呢？

　　聯繫匯率的問題，是一個決定就可以改變，聽起來很容易及簡單似的，但押上的整個香港一代人甚至是兩代人的命運。

04

越南船民

文：許思庭

有關於越南難民問題，「八十後」應該不會感到陌生，或多或少仍有印象。電台每天以「北漏洞拉」開首的越南話的呼籲廣播，相信仍有不少香港知道是甚麼一回事及能夠模仿，是八十年代香港人的集體回憶。

小時候都會聽到香港電台新聞報導每天有多少名越南難民抵港，當時候不了解太多背後的問題，更不知道他們要逃難的原因，只知道老師說香港地小人多，寸金尺土，人口密度很高等等。縱使沒有去過太多香港的地方，不太了解香港到底有多大，但當時候很害怕香港會有人滿之患，祈求每次公布的數字越少越好，更盼望有一天可以把他們送離開香港，好讓他們有一個自由自在可安居樂業的地方。最好當然是回到他們本來的家鄉「越南」。

80 年代因為資訊不流通，不少首先從越南逃到中國的難民，誤信假消息以為香港對非法入境者會作出特赦，因此不停有載有越南人的船隻「闖入」香港。

基於種種問題不能夠長此下去，最後得到各方面的努力下，慢慢地解決這個纏繞香港接近四份一世紀的問題。

其實有關問題源於 1961 年越戰之後，南越在北越及「越共」的雙重夾擊下投降。因為對共產政權的恐懼及對人生安全的不安穩因素驅使下，紛紛展開逃亡。

首批 1975 年乘貨輪來港難民約 3000 人，幸運地獲全數收容。

　　不幸的是到 1978 年越共對越南人展開清洗行動，繼而真真正正展開大規模的難民潮。香港史上第二批載著約 2700 名越南難民的匯豐號命運卻是不同，各方面的爭論，拖延了一個月以上船上所有人才獲准登岸。

　　1979 年 2 月又再有載有越南船民的貨輪，輾轉引起香港社會發生不少問題。於是被香港政府安置到難民營內。同年 7 月香港正式被國際公約確認為「第一收容港」，意思是香港為先行接收越南船民，再由西方國家作出甄別其難民資格，再決定到其它國家生活，剩下的由香港政府自行譴返。

　　與此同時，越共政府在越南各處城市作出殘酷的種族清洗活動，令到難民數目激增，時至 1980 年到港的難民數目就已經超過十萬人，這對香港來說是一個沉重負擔與及是一個香港社會的計時炸彈。

　　這個炸彈終於在 1992 年及 1994 年先後兩次爆發，這兩年難民營曾出現較大型的騷動。分別是 1992 年 2 月在「石崗船民中心」及 1994 年 4 月在「白石船民中心」。前者更造成 24 名船民死亡，後來 18 名船民更因此被控謀殺。

　　其實 1990 年代開始香港政府對越南船民開始作出有秩序的譴返行動。不過參與自動譴返的人數甚少。

　　時移勢易，隨著香港主權移交後，政策亦有所改變了。1998 年宣布取消「第一收容港」政策。最終到 2000 年的時候，政府向仍然滯留

在香港的船民給予居留權及簽發身份證，好讓他們可以融入社會，最終香港接收了約 20 萬越南船民，其餘的分別移送到外國及遣返回越南。

一場四份一世紀的風暴終於能夠平靜下來，成為歷史的一部份。

05

樂隊崛起

文：許思庭

　　香港樂隊熱潮最鼎盛、最百花齊放的年代，可以好肯定的說是八十年代。一個有實力就會有機會的年代，一眾實力派 Band 友，湧現風格及歌曲路線及風格各有不同，包括有搖滾、電子、重金屬及民歌等等。樂隊眾多，不過絕大多數只是曇花一現，但他們對音樂創作、表演及音樂的熱誠，實在是充滿激情靈魂的音樂。

　　八十年代紅極一時的樂隊有不少歌手依然於今時今日活躍於歌壇或娛樂界。他們的作品對現代的創作人及歌手影響深遠，不少翻唱及致敬的作品出現。

　　八十年代的香港樂隊光輝歲月成功也有部份功勞是來由一眾前輩的奮鬥所帶來的。六十年代英國樂隊披頭四（The Beatles）於利物浦冒起，於 1962 年第一首登上樂壇流行榜歌曲《Love Me Do》榜上有名後，一曲已令披頭四走紅英國，其後熱潮席捲全球，香港自然是其中之一個地區。英文歌在香港大行其道，開始亦有本地樂隊模仿披頭四的風格出現，看到這裡大家應該知道我想說的就是「溫拿樂隊」，成功於七十年帶起香港本地樂隊風潮，亦被香港廣大樂迷接受，雖然溫拿樂隊在香港大受歡迎，不過歌曲風格及造形上總是離不開披頭四的影子。

　　1983 年香港地下樂壇，Beyond 開始活躍，1987 年簽入唱片公司開始出唱片。四位成員「黃家駒」、「黃貫中」、「葉世榮」、「黃家強」。本來樂隊早期走前衛重金屬味道的搖滾曲，從地下走上地面後也面對現實，慢慢開始走向商業化。所以成為黃家駒顯露其音樂才華的另一個機會，「光輝歲月」、「海闊天空」、「真的愛妳」等等名曲至今

需然黃家駒已經離我們而去，但歌曲仍然是深入民心。雖然三人嘗試延續 Beyond，但始終不及家駒年代受歡迎，其後各成員也有獨立發展。

1985 年參加「第一屆嘉士伯流行音樂節」贏得全場總冠軍的「太極」成員共有七人，所以樂隊曲風可以有較多變化及可塑性亦較高，樂隊風格是介乎於 Pop Rock 與 Hard Rock 之間，但亦有慢板舒情歌。最令人印象深刻是雷有輝主唱的「Crystal」那種竭斯底里式情歌，為樂迷帶來一種另類新鮮感。

1986 年「劉以達」和「黃耀明」組成樂隊「達明一派」並推出第一張以英倫新派浪漫電子音樂風格代表樂隊的 EP。劉以達出神入化的電子音樂伴奏、配以黃耀明陰柔帶點滄桑的唱腔，經典作品包括：「石頭記」、「半生緣」及「十個救火的少年」等等。

1986 年參加亞太流行歌曲創作大賽獲得亞軍的 Raidas，主音「陳德彰」。樂隊風格同樣是走電子音樂路線，但和達明一派的英倫風格不同，是屬於歐陸電子「Euro Beat」節奏。樂隊御用填詞人是當年剛出道的「林夕」。樂隊當年有很多首經典流行名曲包括：「傾心」、「別人的歌」、「危險遊戲」及「沒有路人的都市」。可惜樂隊出了二張大碟便解散了。這些經典樂曲填詞人就是當時候剛剛出道的林夕。

當年的亞太流行歌曲創作大賽絕對是新人一夜成名的舞台，1987 年 Blue Jeans 憑「豈有此理」獲得冠軍，絕對是憑此一曲一夜成名。樂隊形象是鬈曲長髮及前衛打扮，保留電子味道的 Hard Rock 風格。

　　縱使很多樂隊已經不存在，然而他們很多位歌手至今仍然是活躍於
娛樂圈繼續發光發熱。

06

演唱會

文：許思庭

　　我們活在這個互聯網資訊爆炸的年代，拿起一部智能電話一鍵輸入關鍵詞，您想要的「視聽娛樂」可謂應有盡有，得心應手。電視劇、電影、音樂及圖文資訊一切就在掌心裡。娛樂行業亦因互聯網和科技的發展，產生了翻天覆地的變化，有些衰落，例如：售賣唱片、戲院；有些則掘起，例如：YouTuber、音樂播放軟體、網路影片商 Netflix。

　　其中演唱會可算是未受到這股世代洪流所影響到，雖然不及過去八十年代的輝煌時期，但現在香港紅磡體育館排期方面仍然是檔期有限。一些本地或海外著名的歌手開演唱會亦都會掀起門票的「搶購潮」。現在網路購票普及，過往一眾樂迷在城市電腦售票網門外及通利琴行門外通宵留守，苦苦等候買票出現長長的人龍，這種景象已不復見。

　　八十年代最轟動演唱會門票「搶購潮」就是 1989 年《張國榮告別樂壇演唱會》他在歌唱事業顛峰之時選擇急流勇退，並宣布退出樂壇，是次香港站演唱會場數達 33 場，也是八十年代之冠。

　　此外八十年代與張國榮在歌壇鬥得難分難解的譚詠倫，同樣都是香港紅磡體育館的「常客」。整整十年間舉行了大約 95 場個人演唱會。

　　對於張國榮「第一次」告別演唱會，大家依依不捨之外。另一位當年的樂壇天之驕女的演唱會亦都令人相當難忘。1989 年 8 月陳慧嫻首次開唱會，曾經有「粵語天后」之稱，擁有的金曲數量之多是香港樂壇數一數二，亦被看好有實力與另一樂壇天后梅艷芳平分秋色。同時亦都是告別演唱會，因為這是她選擇在歌唱事業高峰的時候告別香港到美國

讀書。一連六場的《幾時再見演唱會》都不知讓多少樂迷流下無限的眼淚。

　　提到梅艷芳，她的演唱會在八十代都是一項紀錄。1985 年，當時候年僅 22 歲便首次舉行一連 15 場個人紅館個唱。《梅艷芳盡顯光華演唱會》亦都是 80 年代在紅館舉行個人演唱會的最年輕女歌手。當時候這個娛樂新聞一出真的相當轟動，原因是同年樂壇「一姐」徐小鳳舉行的《停不了的動感徐小鳳演唱會》只是 10 場。梅艷芳首次登上紅館卻有比徐小鳳更強的氣勢。八十年代的歌壇絕對是百花齊放，百家爭鳴的年代，有競爭自然有進步。同一場館，同一舞台，不同的表演者為樂迷，帶來與歌手一同身歷其境，感受當中的現場的氣氛，歌手與場內的歌迷互動，台上台下打成一片，縱使現場演繹不能有聽唱片的水準，但這就是歌迷希望可以見到偶像現場演繹加上舞蹈員、樂隊、燈光及舞台效果等等。那份「現場感」是難以被科技所取代，所以演唱會仍然屹立不倒的主要原因。

　　伴隨著演唱會應運而生的行業，就是在紅館場外售賣供入場人士在演唱會期間揮動螢光棒之類的閃光物品。

　　現在這些小販已經沒有過去八十年代這麼容易賺取金錢。因為主辦機構會在場內設置紀念品的攤位。

　　過去一眾歌壇巨星的演唱會已經成為了香港人的集體回憶。

07

電子遊戲機

文：許思庭

　　現今科技年代「智能手機」已經是都市人的生活必需品，只要安裝不同應用程式便可以一應俱全，其中「手遊」（手提式遊戲）更加是一個龐大的市場，由簡簡單單的「憤怒鳥」Angry Bird，到「絕地求生」Player Unknow Battleground。回想當年，八十年代真的難以想像到將來手提電話可以用來當作遊戲機。此外電子遊戲機已發展到 4K 畫面仿真程度極高的遊戲科技，來到 PlayStation 第五代，講求的是載入遊戲更加「快」。

　　回想起八十年代初期的電子遊戲機，1983 年任天堂推出卡帶式的「紅白機」，因為得到多間遊戲開發商支持，令遊戲機甫一面世就取得驚人銷量。

　　那個年代很多香港小朋友愛上日本文化，相信有一部份是來自「遊戲機」。當時候香港的生活水準不及現在的富裕，能夠買到一台「紅白機」已經相當好。遊戲卡帶費用不便宜，所以不能夠多買。因此出現了「租借」遊戲卡帶的小店。那就可以更快更容易玩到最熱門，最新的遊戲。

　　要玩盡一個玩戲，終極目標當然是「打爆機」，所以每逢租借了遊戲卡帶後，很多時候都會廢寢忘餐地去玩。

　　同期亦有日本另一大電子遊戲機開發商「世嘉」SEGA 投入市場，兩大日本公司在該市場上的龍爭虎鬥可謂一時瑜亮，能夠同時擁有這兩台遊戲機是當時候很多小朋友的夢想。

回想起當時候能夠玩「超級瑪利歐」Super Mario 這種簡簡單單橫向捲軸遊戲已經是相當開心的事情。

到 1986 年任天堂推出 FC 磁碟機，可謂掀起另一波的任天堂熱潮。當時候所用的磁碟機，每片的磁碟的容量是 1.44MB。對！你沒有看錯！現在隨便用手機拍照，一張照片所佔的記憶容量隨便也超過 1.44MB。

紅白機配上 FC 磁碟機，就可以減輕買遊戲卡帶的金錢壓力，改為將遊戲抄寫到磁碟內，因此當時候好多售賣電子遊戲機的店鋪都紛紛添置大量的「磁碟機」幫客人把遊戲抄到磁碟內。那些年 12MB 的遊戲已經是當時候「驚世巨作」。可想而知當年的程式員可以將程式寫得非常簡潔而有效率。

來到 80 年代後期又再出現新一代遊戲機的浪潮，就是手提遊戲機。再一次由日本「任天堂」推出的 Game Boy，再一次帶起潮流。第一代的 Game Boy 的遊戲是黑白色的，因為彩色 LCD 技術仍未成熟，因為方便且具有流動性，用法簡單，開拓出另類用家市場，甚至是家庭主婦亦會買一部來當作消閒玩意。

當時候日本真的是由科技到流行文都走世界及潮流的尖端。那時候拿著一部 Game Boy 的我，做夢也想不到 30 年後一部手提電話有如此精彩的遊戲世界。

現在科技縱使發展如何，遊戲如何出眾。那時候對遊戲機的那份熱情是永遠不能被取代。

08

傻瓜相機

文：許思庭

　　「傻瓜相機」顧名思義即是連「傻瓜」都會懂得使用的相機，其實即是操作簡單的全自動相機。其實早已出現於 1970 年的時期，不過當時技術仍然未普及，還有是可以輕易攜帶。

　　1982 年終於誕生出第一代真真正正能夠易於攜帶的傻瓜機。回想起那個年代要分享一張相片是如此難得事情，因為過程並不簡單，當時候的相機是需要用底片（俗稱：菲林）。一卷菲林底片通常可以拍攝 36 張照片，傻瓜機雖然操作簡單，但安裝菲林可是要花一點點功夫，打開機背蓋把菲林安裝進去，拉出菲林扣好在指定位置上，把機背蓋關上。

　　每一次到了這個時候我都會很緊張，因為順利的話你會聽到菲林卷動的聲音，成功了就可以準備拍照。萬一不成功，聽到聲音菲林好像被卡住，或者看不到可以準備拍照的指示燈，心情就會往下沉，即是代表著要打開機蓋看看菲林出現那些問題，因為菲林是不能曝光，否則「見光」的部份就會報廢，所以萬一菲林卡住後要打開機蓋，即時代表菲林有機會將會犧牲一部分不能夠使用。

　　有一句說話「時間即是金錢」，菲林每一格也是金錢。

　　傻瓜相機之所以很容易操控，是因為只需要輕按快門半下便可以自動對焦，固定後再按下去就可以「咔嚓」一聲順利拍照成功。那最初的傻瓜相機會有「Zoom」光學變焦嗎？當然沒有吧。我們的身體就是人肉版本的光學變焦功能。

單單是安裝菲林已經如此「驚濤駭浪」，所以當時候用傻瓜機拍每一張相片我們都會好好珍惜，雖然只是傻瓜相機，角度、光線、構圖等等，透過相機那個面積比一毫子還要細小的「預視器」看清看楚才按下快門。

現今拍攝相片已經是數碼化，一張小小的記憶卡已經可以保存成千上萬張照片，一卷菲林雖然只可拍 24 和 36 張照片，但是當中每一張已經充滿著喜悅，雖然傻瓜相機操作簡陋，但拍照用完一卷菲林後都會幫你回捲好菲林。當你準備把菲林拿去曬相鋪沖曬，就是另一個驚心動魄的一刻來臨，當你打開機背蓋看到整捲菲林完完整整的可以讓你隨時準備拿出來，那份喜悅真的讓我會心微笑。每一次打開機背蓋時都會深呼吸一下，害怕菲林捲得不好，一打開機背蓋，未曾捲好的菲林被「曝光」，那麼就不能夠沖曬相片。

很多時候拍攝照片人物、時間、地點及環境可一不可再，所以一開始已經接觸數碼相機的人，相信不會明白當時我們這些曾經喜愛用傻瓜機到處去拍照窮學生的心情。

拿著菲林到照相館沖曬照片，因為不是數碼化拍攝後不能夠馬上看到拍攝效果如何。一切就要等待沖曬出來的相片才知道效果，在相片沖曬店門外馬上打開包裝袋看看自己所拍的照片效果如何，那份心情很值得回味。

數碼化的年代保存照片甚至已經不會再有地域所限，無限複製，不斷發給別人，甚至擺放到互聯網上分享。過去就要把這些一格一格的菲

49

林好好保存著，才可以繼續用菲林沖曬出曾經用眼睛看過的世界，心目中值得保存下來的畫面。

09

便利店

文：許思庭

　　「梗有一間喺左近！」是我小時候看電視有關於香港便利店的廣告宣傳口號。為香港首次引入「便利店」就是香港牛奶公司於 1981 年正式獲得授權在香港成立 7-Eleven，時至今日各式各樣的便利店在香港的數目已經超過 1000 家，香港一個小小彈丸之地來說，平均每一平方公里有超過一間便利店。

　　就是於 80 年代出現「便利店」，逐漸地取代了香港人上一代人的集體回憶「士多」及「辦館」。7-Eleven 作為第一間進佔香港的 24 小時營業的便利店，打破了香港傳統的營運模式。

　　其實本來 7-Eleven 並非 24 小時營業的，營業時間就跟它的名字一樣，從早上 7 時營業至晚上 11 時。到後來再嘗試延長營業至 24 小時。

　　當時候便利店的出現本來市場上是不被看好的，原因是相同的產品在便利店的售價相比起超級市場、士多或辦館高出很多，而且「士多」及「辦館」對自己不會受到便利店影響的主要原因是在於「人情味」，即是與「街坊」一直所建立的良好關係，不會輕易被這種企業形象包裝底下的便利店輕易擊倒。

　　不過當時候 7-Eleven 已經是一個國際連鎖企業，選擇登陸香港之前必定是經過精心部署。單單是 24 小時營業，小小的店舖內除了飲品及食物之外，有著各式各樣的日用必需品，甚至是藥物，可謂麻雀雖小，

但五臟俱全。相信也有不少人有個類似的經驗，凌晨時分感到身體不適，走到便利店購買成藥。

很快便利店就成為香港市民生活的一部分，要更快更有效去擴展自己的商業版圖，便利店的背後帶出了在香港一個新的經營模式，這個就是「特許經營」。簡單來說，即是如果你有足夠的資金，你也可以成為 7-Eleven 分店的老闆。先不論這個特許經營權模式在香港是否成功，但是已經能夠完成很多人的創業夢。

世界各地不同的便利店，有著他們的地道特色，在香港的 7-Eleven 便利店當然也不例外，有著不少香港獨有的經典產品。例如「思樂冰」就是其中一項代表作，小時候在炎熱的夏天，汗流浹背走進 7-Eleven 拿出自己的零用錢，買一杯思樂冰，店員會給你一隻紙杯，走到思樂冰的機器面前，你會看到機器的內部不停轉呀轉，放好杯子在架上，推開機器的操縱桿，小心翼翼地讓思樂冰填滿你的杯子，因為沒有份量的限制，你能夠裝到多少你就可以享受用多少，童年時很貪心地希望裝得越滿越好，越高越好。思樂冰所帶來透心涼的冰冷快感，確實令人難忘，可惜年紀漸漸長大，冰冷的食物對胃部不太好，已經失去了年少的「輕狂」。

近年的香港便利店更加引入地道小食，例如：魚蛋、魚肉燒賣、腸粉和港式奶茶。雖然味道不及街頭的小食店來得正宗，但是衛生及便利程度卻是便利店的致勝關鍵。

八 香 港
十年代回憶 II

10

集郵書・妙郵書

文：許思庭

香港是一個國際金融城市，上至私人銀行替你管理財務問題、各大小銀行亦有基金經理替你投資，讓你財富增值，就算是一般小市民對於金融產品炒賣活動方面亦都相當之熱衷。

香港人的一個強項就是不論什麼東西都可以懂得把握投資機會，好像之前的蘋果手機 iphone 一樣。香港人把握到香港比中國內地早一步發行，內地對 iphone 要求甚為殷切，自自然然就會有價有市，旺角先達商場就成為了一個炒賣 iphone 的集散地。

80 年代亦曾經出現過炒賣郵票的熱潮，因為當時候踏入了香港主權移交的過渡期，所以有見及此發行了不少款式特別的郵票，筆者雖然當時候仍然是一個小學生，本來是一個集郵愛好者，慢慢變為參與郵票炒賣活動的小小投資者，當中的經歷回想起亦十分有趣。

殖民地年代相信大家最有印象的郵票就是英女皇頭像作為標誌的郵票，是大家最常用，最容易可以買到的，當時候是沒有什麼收藏價值，然而今天的香港已經回歸了中國變成了香港特別行政區，1997 年 7 月 1 號香港主權移交後郵政署亦跟隨著宣佈舊有的英女皇頭郵票立即停用，撤除了郵票本身的面值，某程度上可以讓大家好好收藏殖民地歷史物品。

本來單靠香港的郵票發行是難以掀起炒風，原因是因為中國 80 年代開始踏入了開放改革，先讓一部分人富起來的前提底下，有一部中國內地的人對香港的郵票感到十分有興趣，所以開始郵票的交易市場，再加上香港的郵票設計十分精美，印刷工藝亦相當出色，對於國內人士來

講十分有收藏價值。當時候每到農曆新年前香港所推出的十二生肖都會掀起一陣排隊搶購熱潮，收藏也好，炒賣也好，大家也顯得十分興奮。

筆者為什麼亦會加入炒賣郵票的行列，原因是有一位在中國內地做生意的親友知道我是一個集郵愛好者，所以經常在內地買一些郵票送給我。郵票簿相信在這個年代應該很少人知道是什麼了，當時候很喜歡放學的時候帶同自己的郵票簿去到一些郵票售賣專門店跟老闆或者其他顧客一同交流自己的集郵的心得。有一次郵票店的老闆看到我那些中國內地的郵票，他說有客人希望可以買的到，願意出高價向我收購。

自此之後，我開始把零用錢節省下來，再透過這位在中國內地工作的親戚幫我買一些中國內地具有特色的郵票回港轉賣賺錢。

後來這位親戚因為經常走訪中國內地的郵票店，老闆知道他是來自香港的，所以希望他可以幫忙尋找到一些香港的郵票。 因此我亦開始幫這位親戚去採購一些具收藏價值的郵票，就這樣組織起中港兩地的「郵票貿易」。

當時候最具升值能力的郵票，並非就是只有郵票這麼簡單，要賺錢也不是這麼容易。

更加具有投資價值的叫做「首日封」，一套精美的郵票會配上設計精美的信封。成功買到之後，你要把郵票貼上首日封，而且要相當有技巧，整齊、美觀及整潔。假如不小心留有膠水痕跡這樣就不能夠轉售，只好作為自己的「珍藏」。

57

　　最後就要到郵局為首日封蓋印，這樣才是大功告成，再完整的放入一個透明膠套內。個人的部分做好了，之後就要看市場的需求去決定能夠賺到多少。

　　任何投資都總會有風險，不過如果一個集郵愛好者投資郵票，就算是不能夠賺大錢，總算可以是自己的收藏品之一。

11

日本漫畫

文：許思庭

八十年代日本漫畫被稱之為可一不可再的漫畫「黃金年代」，當時候的日本漫畫於七十年代來說製作比較粗糙，八十年代已進入一個成熟期，很多不同類型的漫畫家同樣地進入成熟階段，製作上已經不單止是漫畫，更加包括在電視廣播的「卡通片」。然而這些日本卡通動畫因為能夠在香港「入屋」，所以之後掀起了追看日本漫畫的熱潮。當時候香港仍然未有正式與日本漫畫出版社簽訂授權出版，所以當時市面上所見到的日本漫畫良秀不齊，反而台灣所出版的日本漫畫起步及發展比香港來得早。

當時候日本漫畫界兩大出版社「集英社」及「小學館」，它們旗下的漫畫家相當耀眼，在日本漫畫及流行文化界掀起風潮，繼而席捲亞洲，當然包括香港。

鳥山明的《七龍珠》、車田正美的《聖鬥士星矢》、高橋留美子的《相聚一刻》及《亂馬 1/2》及高橋陽一的《足球小將》及當時已經是大師級的漫畫家池上遼一及小池一夫經典作品《淚眼煞星》等等，掀起了一片追看漫畫的熱潮。

正因為香港未有正式的日本漫畫銷售渠道，再加上當時候並非一個物質豐裕的社會，所以有一個行業應運而生，就是出租漫畫店。仍然記得小時候不吃午餐，只吃麵包用省下來的零用錢去租漫畫。

八十年代並沒有「上網」的概念，別說用光纖寬頻來「上網」了，甚至連最基本的 56k 撥號上網也沒有。因此對於事事講求「快」的香港人，想要看到最近最快的日本漫畫唯有就是「空郵」到香港。

當時候雲集日本人氣最高的漫畫作品，集英社「少年 Jump」週刊，厚度差不多有兩吋。每個漫畫家的作品佔大約十多二十頁。有生意頭腦的書店東主就會空郵一本到香港，之後再將受歡迎的故事例如《七龍珠》，先用黑白影印然後再釘裝發售。雖然很多人未必看得懂日文內客，但大約也猜到內容。可見當時候香港年青人對日本漫畫的熱愛程度。

更加進取的商人當然是與日本漫畫出版社洽購香港出版代理權，所以後來陸陸續續沒有這種黑白影印的「盜版」日本漫畫。其後，香港代理亦取得空前成功，就以鳥山明的《七龍珠》為例，曾經有一期緊貼最新日本單行本在香港出版銷量火速超過 12 萬本，事實證明日本漫畫正式有香港版是改變了香港漫畫界的生態。

日本漫畫熱潮，不單止是帶動漫畫書熱潮而已。電視及電影動畫，各式各樣的週邊精品、文具、衣服及手辦模型等等。香港漫畫這麼多年以來大部分都是武打題材的漫畫，能夠接觸到的讀者層面相對比較狹窄。

反觀日本漫畫界能夠做到百花齊放，一系列的少女漫畫，80 年代經典作品《小甜甜》及《相聚一刻》， 在香港市場是難以找到的。

雖然現在日本漫畫界不復當年勇，不過仍然是新人輩出，不斷為大家帶來無限驚喜。

12

養馬專家
——董禮

文：許思庭

　　80 年代的著名人物「董驃」，人稱「驃叔」絕對是香港家傳戶曉的人物。相信驃叔自己也沒想到本來是愛騎「馬」的自己，學習騎馬，成為職業騎師，代表香港出戰世界，後來轉戰寫手撰寫馬經。之後因為麗的電視開始轉播賽馬，被招攬作為馬評人及電視賽馬主持，特別是夜間節目《賽馬結果》廣受大眾市民歡迎，直至到麗的電視改為亞洲電視之後仍然繼續擔任主持位置。

　　由於驃叔是由騎師出身，從小到大已經在馬場生活，所以對馬匹及馬圈方面的認識甚豐富，而且驃叔主持的賽馬節目，不單止評論，驃叔是一個大情大性的真漢子，更加投入大量個人「感情」，有時候風趣幽默，有時候開心鬼馬，氣憤難平的時候更會對騎師甚至是對香港賽馬會在節目中破口大罵，批評辛辣精準，毫不留情。

　　最經典一次 1997 年亞視失去了賽馬電視播映權的時候，董驃按耐不住心中怒火破口大罵的說：「叫佢去死啦！佢哋想自 X 呀！亞視播得好地地，又轉俾無線播，搞到一塌糊塗！」

　　這種毫不掩飾的性格，不單止深受馬迷歡迎，而且更加吸引到一些對賽馬並無認識的觀眾都會收看他的節目。雖然有一段時間董驃到了澳門賽馬會擔任練馬師，但香港市民並沒有因此而忘記他。

　　董驃雖然已經離開人世一段時間，難忘的片段當然不只是主持賽馬。雖然他的一生與馬匹結下了不解之緣，但也不只是情有獨鍾於馬而已。董驃參與的喜劇賀歲電影《富貴逼人》系列，飾演男主角「雷達驃」，

絕對是香港人的集體回憶。他與沈殿霞所飾演的喜劇夫妻，這個系列一共分開三集，充分反映了八十年代香港基層家庭的心態，丈夫為了家庭拼命工作，也要面對日常生活逼人的辛酸，更要面對來自家中子女及太太的壓力。另一方面全職家庭主婦的太太，終日寄望丈夫可以發達。此外也要面對社會的大環境，對未來 1997 年中英主權移交信心不穩定，寧願移民外國做二等公民的風潮，所以一般營營役役的小市民只能寄望有朝一日中橫財發達改變命運，所以這套賀歲電影間接地反應了當時候香港人心底話。

　　不單止電影，董驃亦都曾經參與不少經典電視劇的演出，或者是董驃對麗的電視及亞洲電視的一份情義，所以他一生都沒有出現於無線電視，留下來的電視劇全都是同一個電視台，包括《鱷魚淚》、《大俠霍元甲》、《再向虎山行》、《變色龍》、《大地恩情》等等。足以證明董驃不單止是一個出色的練馬師及騎師，而且更加是香港演藝界傳奇人物。

13

世界盃熱潮

文：剛田武

在七八十年代於香港長大的男生，應該沒有幾個人不喜歡踢足球，那時的生活簡單，可供娛樂的地方不多，踢足球應該是當時所有年輕男性的最佳娛樂。

七十年代香港的足球風氣極盛，那時主要會到大球場看球賽，南華、精工、寶路華的大戰當然令人難忘，但是像海蜂、加山、菱電、東昇這些較弱的球隊，其實也同樣精彩，雖然如此，但卻我還沒有形成電視看足球的習慣。

說回這次的主題，年輕時，因為轉播很少的原因，看國外足球比賽不多，像世界盃這樣的大賽，我是在 1978 年，才第一次於電視機前收看，該屆的兩支最強隊伍，阿根廷與荷蘭，於決賽相逢，合演一場精彩比賽。

踏入八十年代的 1982 年西班牙世界盃，香港的無線電視 TVB 直播全部的五十二場比賽，我開始嘗試半夜起來看球賽的日子，當中最特別的是，該屆賽事有阿根廷的新星馬勒當拿橫空出世，當時二十一歲的他技驚四座。可惜，阿根廷整體發揮不理想，最終被巴西及意大利淘汰出局。

四年之後，輪到中美洲的墨西哥舉行，TVB 仍然直播五十二場比賽，感覺上這一屆比四年前更熱烈，街頭巷尾多了很多人在討論，市面上同時出現好幾本的世界盃特刊，真的是百花齊放，我覺得，由這一屆開始，世界盃熱潮開始在香港燃起。

　　再加上，這屆賽事精彩場次甚多，多支球隊表現出色，除了傳統的巴西、阿根廷外，意大利、西德及英格蘭外，還有表現一鳴驚人的法國、丹麥、蘇聯及比利時，每一場比賽都令人印象深刻。當然還有球王馬勒當拿的過人球技，更令本屆賽事增添色彩。

　　轉瞬間又過了四年，1990 的世界盃，我個人認為，應該是香港人深值世界盃於腦中的一年，這一屆除了足球迷外，連一些門外漢或對足球比較冷感的女性，也都追上這股潮流。

　　個人認為這次能夠如此熱烈，除了是主辦國位於充滿浪漫氣息的的意大利之外，香港的亞洲電視也應記一功。他們打破傳統的播映方式，不再採用嚴肅的做法，加入綜藝性的元素。除了足球界評述員至尊林尚義之外，還有球星尹志強，更找來黃霑當主持人，還有曾志偉、陳百祥當嘉賓主持。每一場直播時，都找來不少藝人到場，甚至乎有女藝人。

　　在直播過程中，自稱「執波仔」的黃霑，不斷提出一些足球基本知識問題，由林尚義專業的解答，這直接令觀眾得益，甚至也因此吸引了不少女球迷。

　　除了氣氛讓大家感受到「好玩」之外，在香港的世界盃直播史上，更是首次直播比賽時是沒有播入廣告，令觀眾看比賽一氣呵成。（其實這做法是亞視多年來的作風，在 90 世界盃前的歐洲國家盃或英格蘭足總盃的直播，亞視也是沒有廣告的。）還記得直播中，黃霑看到有進球時，更揶揄一句：「哎呀！有進球了，隔壁電視台在播廣告，怎麼辦呢？」

　　這屆賽事的精彩程度其實略遜於上屆，除了巴西於十六強便爆冷出局外，馬勒掌拿也沒有四年前的光芒四射，主辦國意大利又未能晉級決賽，而奪冠的西德也只是各隊中表現較佳的球隊，雖然如此，這屆賽事卻在香港卻引起更大的熱潮，在這個八十年代，世界盃熱潮便在香港生根了，而足球，也不再是足球那麼簡單了！

14

足球直播

文：剛田武

談起足球直播，上一篇曾提過世界盃熱潮，香港的足球直播始於
1974 年的世界盃，但有關其它比賽何時開始直播，似乎相關資料不太
好找。而我個人的印象，開始喜歡看足球比賽是八十年代初的英國足總
盃（當年的確是稱英國足總盃，當然，後來大家都更正了正確名稱，已
改為英格蘭足總盃）。

當年麗的（及後來的亞視）直播多場的英國足總盃，大部份賽事都
由林尚義主持。那年代反而對英國聯賽(英格蘭甲組聯賽)並不太熟悉，
因為每次看到這賽事的宣傳廣告時，都說英國最高榮譽的賽事，決賽更
在倫敦的溫布萊球場舉行，真的以為這項賽事才是最重要的。

除了說是最高榮譽賽事外，因為是淘汰賽，更感刺激，一些強隊經
常被弱隊打敗，那些年除了阿仙奴、熱刺、利物浦、愛華頓等強隊外，
晉級過程中還聽過不少的球隊名字，如：盧頓、葉士域治、白禮頓、高
雲地利城等等，覺得十分有趣。

那時直播的賽事，一年就只有幾場比賽，印象中都是決賽，及兩場
的四強。所以，那時候每當直播夜，必定買好蝦片、糖果、可樂等東西，
隆重其事等待直播的開始。

很多人誤以為 1990 年的世界盃，是亞視首次直播足球比賽中沒有
廣告，其實在這屆世界盃之前，亞視已有很多場的英國足總盃比賽直播
是沒有插入廣告，坦白說，那一年開始就早已忘記了，但肯定比 1990
世界盃為早。

　　除了足球直播外，八十年代也有一些足球節目可以收看，那時候每週必看的是 TVB 播映的《球迷世界》，節目主持有潘宗明及蔡育瑜，當時的蔡育瑜還是現役足球員。節目中有香港足球、英國足球及意大利足球的精華，當然，還會播出一些歐洲三大盃賽的片段。

　　除此之外，還記得有德國足球大賽、英國足球大賽及意大利足球大賽等節目，但年代久遠，已沒有太深刻的印象了．．

　　回憶起來，相比今天的足球轉播，每週數十場，選擇非常多，除了主流的歐洲比賽外，亞洲、南美、甚至美國都有比賽在電視上都可以欣賞得到，真的是天壤之別，這還沒有把網頁、Youtube 等算進去啊！雖然如此，那時候能看的比賽不多，卻反而令人覺得十分珍貴，更加要把握僅有的觀賞足球比賽的機會，按時打開電視機。

八　香　港
十年代回憶 II

15

最佳拍檔

文：剛田武

八十年代可說得上是香港最輝煌的時代，除了工商業發達之外，娛樂事業更是如日中天，整個華人圈都以香港馬首是瞻，無論電影、電影、歌曲，幾乎都是香港的天下。

說到香港電影，八十年代一前一後出現了兩種系列的電影，八十年代初有《最佳拍檔》系列，八十年代末有《賭神》系列，可以說得上是帶領香港電影走上高峰，並且也可以看到香港社會的縮影。

《最佳拍檔》於 1982 年 1 月上映，票房據說破了歷史的紀錄，高達二千七百萬港元，除了香港電影史上首部票房突破二千萬的電影外，更是香港歷史上入場人次破了香港最高記錄。

除了電影輝煌戰績外，這系列的電影，也將新藝城提升至能夠與邵氏、嘉禾鼎足三分的局面，這個話題可以獨立成篇了。

回到《最佳拍檔》這電影，其實簡單用一個字便形容了，就是一個「笑」字。現在回看，笑點其實同樣好笑，能夠破票房記錄的，必定有它的原因。

先談談演員的部份，三位主角許冠傑、麥嘉及張艾嘉，這組搭配堪稱完美。許冠傑於七十年代，與兄弟許冠文、許冠英拍了多部喜劇，甚受歡迎，加上帥氣的外表，已有票房保證，再加上他的角色是香港的 007，令人感覺十分新鮮。麥嘉同樣於七十年代有多部喜劇作品，早已是諧星的代表之一，演出光頭神探有保證。至於台灣女星張艾嘉，在這之前對

她認識不深，大概只知道她都是演文藝片為主，突然大改形象，變成一位「男人婆」女警。這樣的組合，自然吸引大家注意。

故事大概是說許冠傑的 King Kong 偷取鑽石開始，並牽涉到國際犯罪集團。而麥嘉的光頭神探由美國來香港，與女警張艾嘉合作調查，最後三人合作對付國際犯罪集團。查案過程中當然笑料百出，當中還有麥嘉與張艾嘉由對頭變成戀人的過程，及兩位男主角的友情與現實對照，都令人捧腹大笑。

電影中除了這些喜劇片段外，還有不少由動作指導柯受良設計的飛車場面，及最後一幕遙控車大戰真汽車，在當年絕對令人耳目一新。

影片中還有不少實景拍攝，今天再重溫的話，也可以緬懷八十年代的香港，如維多利亞港、啟德機場等場景，可以讓大家一一回味。

八 香　港
十年代回憶 II

16

八十年代的音樂啟蒙導師
——勁歌金曲

文：剛田武

　　回憶起以往年輕時沒有互聯網，當時如果要知道最新的流行歌曲，除了閱讀雜誌和報紙，最重要的就是從電視節目獲得相關資訊。香港無綫電視長壽音樂節目《勁歌金曲》是其中一個當年最重要吸收流行曲資訊的渠道，1980 年代的《勁歌金曲》播放不少粵語、英語和日語歌曲，可謂包羅萬有。

　　記得《勁歌金曲》的第一代主持人是蔡楓華，當年他可說是大眾「白馬王子」，而且也是相當知名的歌手。盧敏儀、鄭丹瑞、鍾保羅、李麗蕊和周慧敏都有當過主持人。當然對觀眾比如我來說，節目主持人可能並非最重要，最重要的還是節目播放不少最新的 MTV，當年在香港最紅的歌手包括許冠傑、張國榮、譚詠麟、鄭少秋、林子祥等歌曲的 MTV 都在《勁歌金曲》熱播，Michael Jackson、Madonna、Cyndi Lauper 和 Duran Duran 等當年紅極一時的歐西流行歌手和樂隊，都是因為《勁歌金曲》熱播他們的 MTV 才讓我得以認識。除了粵語和歐西流行曲，當然也有香港人至愛的日本歌曲啦，中森明菜、近藤真彥、西城秀樹、松田聖子、柏原芳惠等紅透半邊天的東瀛歌手 MTV 更令我目不暇給。雖然對於現今的年青人來說，《勁歌金曲》這個節目已經淪為笑柄，不過對於 1980 年代的年青人如我等，《勁歌金曲》絕對是我們認識香港和外國歌手金曲的啟蒙導師。

　　除了《勁歌金曲》，當年無綫電視還有另一個名為《新地任你點》的音樂節目，顧名思義這是一個在「新地」（Sunday）播放的節目，第一代主持人有區瑞強、胡渭康和盧敏儀，令我最有印象的時期是區瑞強

和吳夏萍主持的時代。《新地任你點》是在周日下午播放的節目，形式跟《勁歌金曲》大同小異，節目時間長度比《勁歌金曲》長一點，所以可以播放更多歌曲 MTV。這節目是以外國歌曲作主打，所以除了上述歐西和日本最當紅歌手的金曲 MTV 外，也會播放更多外國二線歌手、組合和樂隊的歌曲，讓我等較少接觸外國歌手的觀眾大開眼戒，所以除非節目播放的時候外出，每個禮拜日我也會準時收看，有時甚至會用錄影機錄下來不斷重溫。這些錄影帶之中有一部分目前我仍然有保留，可惜礙於版權問題，沒辦法公開分享了。

17
隨身聽的先驅

文：剛田武

　　筆者依稀記得大約在 1980 年代讀中學的時候擁有第一部 Walkman，每當外出逛街和坐車的時候，便喜歡把 Walkman 放在背包上，然後接上耳機聽歌。由於當時只是學生沒什麼錢，所以只能購買香港生產品牌不知名生產的 Walkman，連錄音功能也沒有。香港品牌出產的 Walkman 有一個壞處，便是耗電量相當驚人，只聽完兩次完整播放的卡式錄音帶便需要換電了。

　　後來因為開始上「暑期工」，賺到少許金錢，所以開始購買一些品質比較好的品牌，光是愛華（AIWA）便買了兩部，而且品質是愈買愈好，當然價錢也愈來愈高。後來筆者更購買了擁有當時相當先進具備自動翻帶功能的 Walkman，每次聽完其中一面之後不用自己手動翻帶，所以感到很高興。另一方面也因為 Walkman 大行其道，筆者也遇上一些令人嘖嘖稱奇的事，便是有時候坐地鐵的時候遇上有些不認識的同好，他們喜歡把 Walkman 的音量調校到非常大（好像現在也有不少人喜歡這樣），音量大得坐在隔壁也清楚聽到他在聽什麼歌，難道他不怕耳聾的嗎？

　　說到 Walkman 就必須提及一下卡式錄音帶，當年擁有一盒兩面合共九十分鐘的錄音帶已經感到很開心，因為如果一首歌的長度平均是四分鐘來說，一盒九十分鐘的錄音帶已經可以錄下超過二十首歌曲。後來錄音帶的長度更增加至一百二十分鐘，可以收錄的歌曲數量就更多了，只需要攜帶一盒錄音帶外出便可以聽兩小時歌曲，不用來來去去只聽幾首歌那麼單調。

　　Walkman 跟卡式收音機一樣是擁有錄音功能，在經典電影《賭神》的劇情中，演員張敏便常常使用 Walkman 錄下口述日記，相關錄音帶最終更成為故事的要點。雖然這是戲劇效果，Walkman 確實也有錄音功能。只是筆者便沒有錄音的習慣，也很少聽過朋友會這樣做。如果要使用錄音功能的話，最多只會將自己喜歡卻沒有相關專輯錄音帶的歌曲，先在家中的 Hi-Fi 播放，然後把歌曲錄進錄音帶而已。

　　由於 Walkman 在 1980 年代深受年青人歡迎，所以也衍生一些相關的商業活動，例如是代客錄歌。有這種服務出現的主因是不少人很可能只是喜歡一隻專輯內的其中 1-2 首歌曲，如果花十多元買下專輯便很不划算（當時十多元已經可以吃兩頓飯），也沒有網上下載這回事。所以唱片店便提供錄歌服務，一首歌曲大約 1 元至 1.5 元，視乎唱片店如何定價。如是者只需要請唱片店將收錄在不同專輯的喜愛歌曲全部錄進一盒錄音帶上，便可以製成一盒「我的最愛」專輯錄音帶了。

18
影視觀眾虛擬興起

文：剛田武

　　對於香港影片租賃的歷史，可以追溯至 1980 年代。當時家父在家添置了錄影機，除了拿來把喜歡的電視節目錄下來，當然也會租電影 VHS 錄影帶回來欣賞，我就是從那時候開始留意錄影帶租賃店。我第一次租賃影帶是在尖沙咀的「快圖美」影視會，由於租賃期只有一天，我當時卻是住在新界區，所以每次租完影帶後，翌日便需要再次坐車到尖沙咀快圖美歸還影帶。

　　後來一所名叫「彩視佳」的租賃店在深水埗開業，「彩視佳」本身是租賃電視機和錄影機的店，同時也提供錄影帶租賃服務，所以後來我便到「彩視佳」租帶，可以省回不少時間和車費。這就是我最初的影帶租賃經驗。

　　在 1980 年代後期，錄影帶和 Laser Disc 鐳射影碟（簡稱 LD）租賃服務愈來愈興盛，不同的租賃店品牌迅速如雨後春荀般出現，當中以「快圖美」和「金獅影視快線」的規模最大。由於「快圖美」後來在香港各地都開設分店，更提供在 A 分店租帶或租碟後，可以在 B 分店歸還的服務，所以後來我又重投「快圖美」的懷抱。除了影帶和影碟租賃店，當時連「Circle K」（後來改稱 OK）便利店都提供錄影帶租賃服務，年輕的我便經常到便利店租帶，非常方便，可見當時影帶和影碟租賃事業發展得多麼蓬勃。

　　至於 LD 的出現則稍晚於錄影帶，大約是 1980 年代末期開始在香港出現，特別是卡啦 OK（台譯 KTV）影碟機開始普及，令 LD 在香港

大行其道。不少商場都有出租影碟的專門店，可經常到那裏租碟回家欣賞。

記得在 1980 年代到影帶店租賃影片，除了必須成為會員和購買數十張租賃券外，還必須交上按金，大約是數百元左右，是一個對當時大部分月薪只有數千元的普通上班一族來說並不是少的金額，那是足以購買一盒電影錄影帶(當年的官方授權錄影帶價錢很貴，鐳射影碟則更貴，所以不會有太多人願意花錢購買)，這是因為影音店防止顧客失蹤或不歸還租賃商品的自我保護措施。雖然透過租賃店得到的影帶和影碟只能使用數天（ 後來影帶店把租賃日期延長 ），而家中的影音設備跟戲院是兩碼子事，但能夠以比戲院門票價錢低很多的代價看到同樣的影片，這也是物有所值。

至於當時曾經租賃過的影片內容，我最初是租賃 James Bond 和星球大戰系列的英語片，後來就租賃成龍和周潤發等大明星主演的港產片。到了後來由於 LD 的興起，所以我也把中森明菜、南野陽子和齊藤由貴等日本女歌星的 MV 影片租回家慢慢欣賞。後來九十年代則租賃電視劇，不過這已是 1990 年代的後話了。

19

憶電氣化火車前的乘車體驗

文：剛田武

　　相信每一個香港人都曾經坐過「火車」,在香港人心目中,「火車」就是從前九廣鐵路,現在的港鐵東鐵線專有代表名詞,縱使九廣鐵路已經消失多年,「火車」也早已沒有「火」,只要一說起「坐火車」這三個字,大家便知道是指乘坐港鐵東鐵線。筆者身為成熟男士,便有幸在 1982 年九廣鐵路「電氣化」前坐過傳說中的柴油火車,感覺確實與現在的「火車」截然不同。

　　筆者最初接觸九廣鐵路柴油火車是小時候跟家人前往位於中國大陸的故鄉,那時還是從尖沙咀火車站(現址是尖沙嘴碼頭鐘樓一帶)上火車,最深刻的印象是乘客非常多,所以從進了車站、等候列車到來、進火車和乘火車的過程都只有一個字可以形容箇中感受,就是「擠」,若是要用兩個字形容的話便是「很擠」;其次當火車進隧道的時候,所有乘客都會關窗,因為一來燃燒柴油的氣味令人很難受,而且黑煙吹進火車後會令乘客面部薰黑。不過由於筆者沒有親歷火車進隧道後不關窗的後果,所以上述情況都只是聽長輩提及過而已。

　　後來九廣鐵路改用電氣化火車,車廂設計跟現在相比下較簡單,設備大致上跟現在的港鐵東鐵線採用的火車是一樣的。電氣化火車的好處當然是所有車廂設有冷氣,尤其是夏天時份人多擠迫的時候非常重要。而且自從使用電氣化火車後,九廣鐵路的班次頻密很多,比以往柴油火車年代相隔接近半小時才有一班車的情況好很多。當然乘坐柴油火車也有一些好處,就是柴油火車前進的時候會發出與路軌磨擦而來的「噗噗、噗噗」聲音相當有節奏感,聽起來其實相當舒服和療癒。

　　記得電氣化火車啟用初期，月台上仍然有小販售賣雞腿和汽水等小吃。後來由於火車公司奉政府籲推行車廂嚴禁飲食，所以在月台及火車上買賣食品的情況便成為歷史。

　　現在如果要從香港到深圳的話，擁有中港兩地車牌的市民可以直接駕車過關，沒有車牌的也可以乘坐火車或直通巴士前往。對於經常來往中港兩地的民眾來說，從紅磡站乘坐直通車經過羅湖前往廣州是必不可少的體驗。不過原來從前有一段時間（筆者在 1983 年中坐過）九廣鐵路在早上是提供九龍站(即現在的紅磡站)和羅湖站之間往來的直通車，即是在九龍站上車後不停站，直接在羅湖終點站停車（或從羅湖站上車後不停站直到九龍站下車），對於需要快速過關或從羅湖回到九龍區的乘客來說相當方便，當然這樣要犧牲其它站上下車的乘客需要付出更多等候的時間。不過九龍與羅湖之間的直通車在 1990 年代前已中止，相信是因為九廣直通車已足夠應付需要而廢除吧。

20

老幼咸宜的香港昔日拍拖勝地

文：剛田武

　　一提起尖沙咀海傍，相信不少人的印象都不太好，因為近年尖沙咀海傍一帶都充滿來自中國的遊客，加上近年維港兩岸的聖誕燈飾和煙花匯演的精彩程度大不如前，更令香港人對尖沙咀海傍敬而遠之。不過在 1980 年代期間，尖沙咀海傍特別是尖東海濱公園是香港人非常喜歡閒逛的景點，不僅是一家老少和三五知己眾首的好去處，更是年輕情侶們「拍拖」談情的勝地。

　　尖東海濱公園起初是九廣鐵路的火車軌，連接紅磡和尖沙咀火車總站鐘樓的位置，後來九廣鐵路的九龍段總站搬遷到紅磡的九龍車站後，便把尖沙咀沿岸的火車站和火車軌拆除，將相關土地改建為太空館、新世界中心和尖東海濱公園等現代尖沙咀「地標」（香港文化中心是 1980 年代末才興建）。其中尖東海濱公園在 1980 年代是香港年輕人非常愛去的「拍拖」熱門勝地，不少年輕情侶喜歡從鐘樓沿尖東方向漫步，途徑太空館、麗晶大酒店、新世界中心等建築。當中最令我印象深刻的是設店於新世界中心的東急百貨，因為「歌神」許冠傑曾經作曲《日本娃娃》，當中有歌詞云「尋晚去東急遇到個日本娃娃」，可見新世界中心特別是東急當年是「潮人」必遊勝地，因為東急販賣不少精緻漂亮的日本產品。

　　走過新世界中心後繼續向東行，便來到尖東海濱公園，在一段相當長的海濱大道上一邊吹着海風，一邊遠眺維多利亞港對岸的香港島風景，中環、金鐘、灣仔、銅鑼灣甚至北角的風景都可以清楚看到，在這裏跟愛人談情實在相當寫意浪漫，所以每逢假日必定有不少年輕情侶到此一

遊，特別是坐在岸邊可以清楚地看到日落，看着紅日在港島對岸的摩天大廈群中落幕，氣氛更是一流！

當然除了是「拍拖」勝地，尖東海濱公園以往也是適合與朋友和家人一起遊覽的地方。不少中學生在等待放榜前的一晚會在尖東海濱公園喝着啤酒等待重要時刻來臨，我也曾試過跟同學在尖東海濱公園一起閒聊到天明。如果是在聖誕節期間到訪尖東海濱公園就更加熱鬧百倍，因為尖東和港島沿岸的大廈都掛滿美輪美奐的聖誕燈飾，不僅是情侶，更是有不少家庭一家老少前來觀賞燈飾。雖然是人山人海相當擁擠，不過還是相當浪漫。

八　香　港
十年代回憶 II

21

充滿回憶的卡式錄音帶

文：剛田武

　　近期有消息指錄音帶市場在美國好像再次蓬勃起來，不過無論在香港或是台灣，最近都沒有多少人表示懷念錄音帶。畢竟在亞洲地區要找到一部可以播放錄音帶的錄音機還是有點難度，或許這就是錄音帶比較難吸引年青人，從而製造另一波熱潮的原因吧。

　　我在小學時期開始懂事的時候便知道有錄音帶這種東西，由於本書主題是八十年代的事情，所以我的小學時代（七十年代）相關事項姑且省略不提。及至中學年代，當時我很喜歡用錄音帶聽歌，走在街上將錄音帶放進「隨身聽」（Walkman），一邊逛街一邊聽歌是相當新潮及流行的年輕人行為。除了隨身聽，也有人會拿著能播放錄音帶的大型卡式收音機外出，當然大型卡式收音機在家中使用的頻率高很多，由於當時我沒有播放唱片的唱機，所以透過卡式收音機在家播放錄音帶是很平常的事。

　　當時我主要聽當紅的香港歌手發行的錄音帶，例如是譚詠麟、張國榮、梅艷芳、許冠傑、林子祥等。如果要出外的話，把心儀歌手的錄音帶都拿出去是相當麻煩的事，所以當年流行把來自不同錄音帶的歌曲翻錄在同一盒錄音帶中。同時因為翻錄的錄音帶容量比歌手發行的錄音帶多，所以可以盛載更多歌曲。當時一盒空白錄音帶的最長容量是 90 分鐘，到了 1980 年代中期更有長達 120 分鐘容量的錄音帶推出，所以當 120 分鐘錄音帶推出的時候，我確實相當興奮，因為可以把更多歌曲帶到外面去聽。而且當時參與戶外活動時更可攜帶俗稱「小露寶」的輕便式卡式錄音機，把錄音帶插進去「Funk 機」（意思是把錄音機音量調教

到最大讓所有人都聽到）絕對是賞心樂事。事實上這是會令其他人非常
討厭的自私行為。

　　對於唱片商店來說，翻錄錄音帶風氣的盛行絕對是為他們帶來一條
「財路」。畢竟唱片商店在這方面是比較專業，選擇也比較多。而且很
多時候出現的狀況是一盒錄音帶內可能只有當中一至兩首歌是自己喜
歡的，比如我可能只是喜歡許冠傑的《最佳拍檔》專輯中其中一至兩首
歌，如果因此而購買整盒錄音帶又好像太貴，所以只翻錄喜歡的歌曲比
較划算。我還記得當年光顧唱片商店翻錄錄音帶是以每首歌為收費單位，
好像是每首歌收費兩元。當然香港歌手的錄音帶我多數還是會買，反而
是歐美歌手的錄音帶比較昂貴，加上一盒錄音帶當中喜歡的歌曲沒那麼
多，所以歐美歌手的歌曲多半是拜託唱片行翻錄而來，然後再拿這一盒
或數盒「精華錄音帶」放在「隨身聽」或卡式錄音機在外面「Funk 機」。

　　或許年輕一輩對錄音帶沒什麼概念，所以我在此特別提及錄音帶的
三大弊端。第一是由於「隨身聽」在外出時使用卡式錄音帶是需要電池
推動，所以當電池差不多耗盡的時候，錄音機的轉動速度便會減慢，歌
曲播放的速度和聲音也會變慢變怪，反過來說，當你聽到歌聲變得拖沓
的時候，便知道是時候要更換電池了。第二個弊端是如果錄音機使用時
間過長形成過熱狀況，會導致機內的錄音帶磁粉脫落，不僅令播放出來
的歌聲變怪，還會對錄音帶構成永久損傷甚至即時報廢。我以往有一盒
鄭少秋的珍藏錄音帶便因為這原因而導致沒有聲音，最終只能無奈丟棄。
第三是錄音帶的素質也可以很參差，當然價錢也有不同，便宜的錄音帶

五元便有交易，昂貴的一盒價錢可達十數元。因此當錄音帶素質較差的時候便會出現「食帶」情況，即是磁帶脫軌纏在錄音機上，遇上這種情況的話，能夠把錄音帶捲回正常狀態已是非常幸運，可是更多的狀況是磁帶難以捲回正常狀態，反而出現打結或倒轉正反面，甚至斷裂的狀況。就算勉強可以繼續使用，音質也大不如前了。

雖然錄音帶與目前的音樂播放技術比起來差很遠，不過錄音帶發行公司看得出來是費盡心思讓錄音帶變得更吸引。例如「娛樂唱片公司」發行的錄音帶盒是白色的，空白的錄音帶外殼則有金邊設計、透明白色、透明藍色等眩目設計，把它們帶出去的話還是相當時尚的行為。

22

日本潮流在港滯在記

文：剛田武

　　我大約是從七十年代開始認識日本潮流，契機是當年無綫電視播放一套名為《錦繡前程》的日劇，這當然是得力於由羅文主唱的粵語主題曲實在太過「街知巷聞」。坦白說劇情我已經完全忘記了，不過這部劇集就是我首次接觸日本文化。後來就是透過收看《小露寶》、《鐵甲萬能俠》、《叮噹》（現稱《多啦 A 夢》）、《小甜甜》、《機動戰士》和《一休和尚》等卡通片，加深我對日本文化的認識，亦開始建立對日本的好印象。

　　及至八十年代是我上中學的時候，那時候開始主動接觸「真正」的日本文化產物，當中也要歸功於同學之間的相互影響，在學校不斷討論一些日本偶像明星的事情，也因此認識了當時最當紅的河合奈保子、西城秀樹、柏原芳惠、松田聖子等明星。所以到了八十年代中期，開始踏入成年人世界，開始養成聽歌的習慣時，也逐漸多聽日本流行曲。日本歌曲除了帶給人很新潮、很悅耳的感覺，演唱者（即是女歌星們）都很漂亮，印象分從而大增。

　　而且在八十年代是日資公司大舉入侵香港的時候，崇光百貨、大丸百貨、松坂屋、伊勢丹、三越百貨、東急百貨等在尖沙咀和銅鑼灣開業，仿佛在維港兩岸相互呼應，銅鑼灣當年更有「小東京」之稱，連在港島乘坐小巴時高呼「大丸有落」也是集體回憶，可見日本文化在香港影響之深。

　　對我來說最有感情和印象最深刻的日資公司正是大丸百貨，由於當年家母的朋友在百德新街居住，剛好是大丸百貨樓上，所以每次隨母親

探望朋友的時候，總會跟母親到大丸百貨逛一下，有時候更在那裡獲得母親購買玩具車。後來長大了便自己去逛大丸，那時候便是自己花錢購買心儀的日本文化產物，對我來說相當珍貴的《叮噹》日語版單行本便是在大丸購買。

當年我居住在港島，不過有時候也會「越洋」到九龍光顧伊勢丹和東急百貨等日資公司，日本潮流雜誌《明星》和相關產品便是在伊勢丹採購。至於東急百貨就時常出售一些很特別和時尚的文具和日本產品，令我按捺不住「放下銀兩」。到了 1980 年代後期 UNY 和吉之島進駐太古城之後，香港人便有更多機會接觸日本文化產品，我便是在 UNY 的書店購買當年很喜歡的偶像，比如是南野陽子和齊藤由貴等明星的寫真集，我的朋友則會購買近藤真彥、安全地帶等的周邊商品。

最後順帶一提，日本文化從八十年代開始影響香港很深遠，但是奇怪地在八十年代並沒有太多著名日劇在香港流行，《阿信的故事》是少數能夠成為話題的作品，日本電影更是非常少。直到九十年代亞洲電視播放柴門文漫畫改編的日劇，如《東京愛的故事》等，及後無綫電視也跟著播放日劇，才吹起「日劇風暴」，這已經是另一個故事了。

23

八十年代的影片播放神器

文：剛田武

在二十一世紀過了兩個十年的今天，如果要看影片的話實在非常方便，光是 YouTube 已經可以讓人看個不知天旋地轉，還有無數網上影片平台可供選擇，與其擔心找不到影片看，倒不如計算一下自己有多少時間可以用來看影片更好吧。不過在 1980 年代要看影片的話，錄影帶或影碟幾乎是不可或缺的重要媒介。

初次接觸錄影帶是在 1980 年代，當時我在中學讀書，老師有時候會在課堂上播放與教學內容相關的錄影帶，那時候的錄影帶是比較有趣，因為只有一個轉孔，與後來 1990 年代時盛行的錄影帶有 2 個轉孔是不同的。到了 1984 年左右，我的家人購買了可說是我人生中第一部錄影機，那是飛利浦品牌的錄影機，功能幾乎跟錄音機沒有多大分別，一樣是只有錄影、播放、快轉、倒帶等幾個按鈕，而且轉台是手動制式。猶記得那是一部 VHS 制式的錄影機，當時流行的另一種制式是 Beta，兩種制式就是大小的分別，Beta 制式主要是 Sony 的產品。

隨著錄影機逐漸普及，錄影機的功能也不斷增加，較後期的錄影機提供「慢鏡重播」、「快速搜畫」等功能。另外錄影帶的品質和功能也愈來愈好，以往一盒錄影帶的錄影播放長度只有 60 分鐘，後來增至 120 分鐘，再後來發展為 180 和 240 分鐘。與此同時，錄影機亦增設「LP」功能，意思是可以將一盒 180 分鐘長度錄影帶的錄影長度再拉長一倍，形成一盒 240 分鐘長度錄影帶最多可錄影和播放 8 小時內容，不過「有得必有失」，「LP」錄影下來的影片質素會隨之下降，而且聽聞「LP」

會令錄影機的磁頭（存錄影像的主要零件）損耗得很厲害，換句話說是會縮短錄影機的使用壽命。

後來科技不斷進步，影片播放的媒介新增了鐳射影碟機(Laser Disc，簡稱 LD) 這一選項，LD 機的功能比錄影帶更為單一，就是只有與播放相關的選擇，普通家庭使用的 LD 機是沒有錄影功能的。LD 的外形就像加大很多倍的 CD，按下插片口的開關按鈕，然後把 LD 以水平線橫放進插片口，再按開關按鈕關上插片口，影片便會自動播放。LD 機與錄影機的不同之處是播放影片時聲色素質比錄影機為佳，這也是我後來轉投鐳射影碟機懷抱的原因。

伴隨著錄影機和鐳射影碟機的大行其道，影帶和影碟租賃服務便應運而生，後來更非常蓬勃，全盛時期更連便利店也提供影帶租賃服務，相關往事我在另文詳述。不過隨著互聯網興起和影片數碼化後，「搶佔」空間的錄影機和後來的影碟播放機也日漸式微，錄影機、影片播放器、錄影帶甚至後來的數碼影碟也陸續成為歷史。

八　香　港
十年代回憶Ⅱ

24

一本值千金的經典潮流雜誌

文：剛田武

　　1970 年代是香港電視業開始蓬勃的時候，隨著電視機開始成為大部分家庭必備的電器，與娛樂事業相關的周邊產品也應運而生，當中最早出現的是以娛樂新聞為主題的雜誌。1970 年代在香港流行的娛樂雜誌有《姊妹》和無綫電視發行的官方雜誌《香港電視》，到了 1980 年代有更多娛樂雜誌面世，而且不再局限於報道娛樂新聞，並進化為報道香港及外地潮流產業的綜合雜誌。在我的印象中，《新節拍》、《好時代》和《新時代》是比較受年輕人歡迎的。

　　1980 年代的潮流雜誌內容可說是包羅萬有，如果要用文字簡單概括的話，就是會報道香港、日本和歐美各地的最新潮流文化，尤其是介紹最新的流行曲和電影，當然少不免是獨家八卦新聞報道。由於當年並沒有互聯網，兩個香港電視台播放的外語節目又並非當地最新的節目，所以只能透過雜誌了解海外的世界，因此這些潮流雜誌可說是年輕人要緊貼潮流必須拜讀的「聖經」。

　　對我來說，1980 年代的潮流雜誌的最大購買誘因是每一期都會報道中文、日語和歐美歌曲的介紹，而且也會介紹香港各區專輯唱片售賣行情，讓我知道當時那位歌手的專輯最暢銷。與此同時，潮流雜誌也會使用大篇幅報道當時香港有什麼電影及在那個影院播放，對於沒有互聯網可搜尋的我們來說是非常重要的資訊，因為這樣才可以作為相約好友看電影的輔助資料。當然雜誌也會介紹上畫電影的內容和影評，也是不可或缺的參考資料。

　　除了可以接收最新的潮流資訊，潮流雜誌另一個最大的吸引之處是全彩色印刷，當中刊登了不少俊男美女明星海報，令我等年輕人珍而重之的搜羅及收藏。對於當時娛樂媒介沒有那麼多，又不可能使用電腦貯存圖片的我們來說，能夠透過這些雜誌收藏偶像海報是非常令人高興的事。而且這些海報印刷也相當精美，只要收藏得宜，流傳至今天還是足以登上大雅之堂。

　　近期在互聯網上看到有人放售這些收藏完好的舊雜誌，縱然是從前只需要花費 10 元便可以買到，現在已是要花數百元才能購入「二手貨」，證明今天懷舊之風非常盛行，可能回憶就是最美好的。

八 香　港
十年代回憶Ⅱ

25

別了秋天
——秋天的童話

文：列當度

近來天氣漸涼，天高氣爽，開始慢慢踏入我最喜愛的秋季。秋意盎然不禁讓我想起了一套經典的愛情電影─《秋天的童話》。它是香港少有的成功純愛情文藝電影，於 1987 年上映，由張婉婷擔任執導。主角分別是周潤發及鍾楚紅。本片無論是票房和口碑都十分好，於 1987 年獲第七屆香港電影金像獎最佳電影獎、最佳編劇獎以及最佳攝影獎。而在香港，《秋天的童話》錄得了二千五百五十萬票房，當時來說，可說是空前成功。

《秋天的童話》是導演張婉婷、編劇羅啟銳「移民三部曲」的第二部。電影以紐約市為背景，講述從香港隻身來到紐約留學的十三妹（鍾楚紅飾），與負責接洽她的紐約華人船頭尺（ 周潤發飾）之間的一段浪漫故事。雖然故事簡單，但憑周潤發精湛的演技，完美地詮釋了一個粗俗不堪、不務正業但同時是熱心助人、善良、樂觀的在美華人角色。反觀女主角李琪，她年輕、美麗、爽朗，任性卻體貼，更重要的是，她重視愛情。並非「戀愛大過天」，而是愛得直接。面對愛情，她不會膽怯，拒絕不合適的感情，她「講得出做得到」。這份直爽，是充滿魅力的。兩人性格背景截然不同，卻漸漸互生情愫，當中產生強烈對比。

導演和編劇張婉婷、羅啟銳本身於紐約修讀電影，在紐約市生活過一段時間。在地的經驗令紐約的景點與劇情配合的絲絲入扣。電影中其中一個經典場面：十三妹房間的窗戶被封，船頭尺花了 3 天畫了一幅布魯克林大橋（ Brooklyn Bridge ）放於窗戶代替；劇末船頭尺賣掉家當，買了一條$800 美金的錶帶送給十三妹後回家，中途便經過著名的羅斯

福島纜車站（Roosevelt Island Tramway）。紐約中央公園（Central Park）裡面可以野餐、運動、也可坐馬車遊覽。可惜片中船頭尺與十三妹所乘坐的馬車，現已不能在中央公園附近範圍以外活動。

導演張婉婷透露在《秋天的童話》開拍前，男主角周潤發憑《英雄本色》而人氣急升，令未與對方簽約的她十分擔憂對方要求增加片酬，幸好發哥有義氣兌現承諾接拍。片場有香港黑社會人士全程監督，保證兩個月內拍完美國外景，讓周潤發如期回香港。陳百強專誠為《秋天的童話》作了主題曲《夢囈》，更找來好友俞錚和陳少琪按劇本而寫上了歌詞。但其後導演張婉婷和羅啟銳改用了一個沒那麼傷感的結局。所以主題曲臨時換了由呂方主唱的《別了秋天》，而《夢囈》則慘被棄用。《別了秋天》以第一個方向來創作，即以船頭尺的心聲為題，但以一種文藝手法表達。這首歌以琴聲和小提琴聲引導，旋律如泣如訴，煽動聽眾的情緒。電影以一個遺憾卻未至於悲傷的結局作結，歌詞亦點到即止：『望再次尋回我心所愛，可惜那秋天已別去了』。

當時看《秋天的童話》，有很大的投入感，也非常希望船頭尺跟十三妹可以重聚，所以常常渴望有續集。當然這只是觀眾一廂情願的想法。男女主角無論出身背景，學歷，以及性格都有鉅大差異，相信在一起也難白頭到老。兩人的相遇相戀，也只限於是一個童話罷了。

八　香　港
十年代回憶II

26

《尋撲》

文：列當度

　　筆者是個標準的「運動迷」，自小喜愛觀看各類體育活動，尤其是足球方面，更是到達熱愛的地步。為了觀看喜愛球隊的比賽，甚至經常會熬夜。年少時候並沒有互聯網，想知道最新的體育消息和訪問等，只可透過電視、收音機、報紙和雜誌等途徑。當然相比現在，消息的快捷度及收看的方便程度不能跟現在同日而語。當年筆者差不多每一期都會購買的體育雜誌就是《奪標》。它可算是筆者在體育知識方面的啟蒙老師。

　　事實上，上世紀 80 年代是香港體壇最熱鬧的時期，首個培養本地精英運動員的銀禧體育中心在 1981 年落成 還有無綫電視翡翠台的《體育世界》節目是編排在逢星期日晚上約 10 時的「黃金時間」播放，而本地的甲組足球聯賽或其它本地國際賽事都經常安排在翡翠台作現場直播，可想而知當時本港體壇是相當受到市民重視的。其時本地的體育雜誌也乘時興起。80 年代流行的體育雜誌主要有三本 分別是《奪標》、《總督》和《Sports》。這三本體育雜誌中，以《奪標》歷史最長，也最為人熟悉，它是在 1981 年 1 月創刊直到 2000 年終於「捱」不下去而無奈地停刊，其間經歷了近 20 個年頭。1981 年到 2000 年也正正是筆者由兒童成長為成人的階段，所以對《奪標》這本雜誌印象深刻。《奪標》也是不少香港人的「集體回憶」，發行年間，它與讀者一同見證歷史時刻、運動員的成和敗。也見證香港體壇由盛轉衰的過程。全彩色印刷的綜合體育雜誌《奪標》在 1981 年 1 月創刊，最初是月刊，1985 年

改為雙周刊，當時每期銷量約一萬本，上世紀九十年代攀上高峰，有二萬至四萬本的銷量，尤其是世界盃期間。

筆者最喜歡《奪標》雜誌的其中一個單元可算是香港本地足球。基本上每一期《奪標》都會介紹本地球壇，有球員教練訪問，也有球會介紹。有時候還有球圈歷史回顧。畢竟這些資訊是外地體育雜誌不會刊登的，而電視台的體育節目礙於播出時間關係，也只會匆匆帶過。因此《奪標》本地足球這部分讓筆者讀得津津有味。此外，《奪標》也會介紹歐洲各大聯賽、NBA 比賽、網球及排球等比賽，令筆者可增廣見聞。

可惜的是隨著本地足球的沒落，加上本地體育界漸漸不受到重視，再加上自 90 年代末互聯網對紙媒的衝擊，《奪標》也在 2000 年停刊。現在香港再沒有一本「賺錢」的體育雜誌，香港體育界亦隨著體育界殿堂級的主播林尚義和伍晃榮殞落，而開始進入一個新低點，教人不勝唏噓！

八 香 港
十年代回憶 II

27

張國榮 v.s 譚詠麟
——香港樂壇偶像熱潮

文：列當度

　　八、九十年代可以說是香港娛樂圈最輝煌的時間，幕前幕後都湧現大量人材，製作質素奇高。當時香港的影視音樂作品深受東南亞人民歡迎，影響也很巨大。八十年代初，隨著香港社會漸漸富裕，市民對影視音樂作品的要求愈來愈高，除了歌曲要動聽，對演唱者的外型，衣著打扮也有一定要求。於是造就了一片偶像熱潮，特別是在樂壇。

　　八十年代香港唱片業發展蓬勃，唱片公司各出奇謀爭取聽眾。而且也受到日本偶像文化的影響，唱片公司開始著重唱片包裝設計，也會對歌手形象落工夫。當時香港樂壇除了實力派歌手如林子祥、徐小鳳以及關正傑等，也開始出現形象鮮明，風格突出的偶像歌手，其中表表者要算是張國榮、譚詠麟、梅艷芳及陳百強等。他們上承七十年代民歌熱潮，同時開啟了九十年代四大天王的偶像流行文化盛世。

　　隨著社會的發達，市民不再為三餐而勞碌奔波，也有餘暇去追尋個人興趣，年青人中也漸漸出現了「追星文化」。我們崇拜一位偶像，其實是藉着這位偶像去投射出自己理想的形象，來告訴別人，這個就是我理想的原形。當時最受熱捧的偶像要算是張國榮及譚詠麟兩位。每當兩人同場表演，或在頒獎禮上，雙方的歌迷都爭相為他們的偶像吶喊助威，偶而甚至會發生互相對罵及推撞情況。

　　說起譚詠麟和張國榮兩人，就讓人有既生瑜何生亮之感。他們是香港樂壇的傳奇，從 84 年到 89 年，兩人被比較了五年，歌迷也惡鬥了五年。因為競爭激烈，甚至有傳兩人私下亦是不和。在 1989 年，張國榮在十大勁歌金曲頒獎典禮上再度奪得最受歡迎男歌星獎，亦在叱咤樂壇

流行榜頒獎典禮上再度奪得叱咤樂壇男歌手金獎,成為首位連續兩年同時獲得這兩項大獎的香港歌手;同年作為唯一的香港歌手代表,參加於英國舉行的亞洲流行音樂節;此外,同年他推出了《側面》、《Salute》、《Final Encounter》三張大碟,全部都取得優異成績。但可能厭倦長期的明爭暗鬥,張國榮在歌唱事業顛峰之時選擇急流勇退,宣布退出樂壇。

其實,在之後的訪問得知,譚詠麟和張國榮兩人原來私交甚篤,不和之說只不過是唱片公司炒作的新聞。他們更在《幻影+霧之戀》一曲裡一起合唱,而身為巨星的張國榮還友情客串幫譚詠麟演過一次 MV。

當然本文無意去討論他倆孰優孰劣,只係想反映一下當時歌迷對自己偶像的緊張程度,亦顯示當時流行音樂偶像歌手在香港樂壇地位的重要性。

126

28

殭屍片熱潮

文：列當度

　　八十年代可以說是香港電影事業最鼎盛的時期，無論在幕前幕後都湧現大量人材，上至導演、編劇、演員，下至攝影甚至配樂和服裝美術指導等。當時一年香港製作的電影可達數百部！港產片的熱潮影響力鉅大，東南亞、台灣、韓國、日本甚至到歐美地區當時對港產片都有需求。因為需求鉅大，當年的電影題材也五花八門如：愛情、功夫、恐怖和警匪等等。其中亦衍生了港產片獨有的題材：殭屍片。港產片的殭屍與西方會吸血的殭屍不同，港產片的殭屍是源自中國的民間傳說。中國殭屍是死後肉身不腐化，全身殭硬，指甲發黑尖銳，有銳利犬齒，懼怕陽光。入夜後出沒，對活物攻擊性強且力大無窮，跳躍前進時雙手向前伸。

　　香港殭屍片有其獨特元素，它不是單純的恐怖片，它加入了搞笑以及功夫元素，可稱為黑色喜劇。片中有發狂殭屍不問情由攻擊人類，使人膽戰心驚之餘，戲中的師徒關係、眾人各施各法去躲避殭屍的情節，讓人看片時忍俊不已。

　　在此之前，這類題材在世界影壇並沒有的，可說是港產片開創了先河。第一部港產殭屍片是 1985 年上映的《殭屍先生》，由劉觀偉執導，林正英、錢小豪、許冠英主演。劉觀偉因此也被冠以殭屍片「開山鼻祖」的稱號。他在《殭屍先生》中表現出了很多天才設想。「殭屍跳」，用糯米、墨線、憋氣對付殭屍的設計，在之後所有殭屍片的跟風之作中都沿用了下來。《殭屍先生》在香港的總票房高達 2 千萬港元。之後香港和台灣有多家電影公司效仿拍類似題材，形成一股殭屍片熱潮。其後陸續推出由林正英主演的有：《殭屍家族 2》、《靈幻先生》、《一眉道

人》等作品。直到八十年代尾為止，拍攝了超過一百部殭屍電影。甚至有日本電子遊戲公司製作以殭屍為題材的電視遊戲，其受歡迎程度可想而知。

作為香港殭屍片熱潮的經典作《殭屍先生》，師徒三人組—道長「九叔」林正英、大徒弟「秋生」錢小豪及二徒弟「文才」許冠英，各司其職，大家配合得相當精彩，也擦出不少火花。當然不得不提讓人聽得心裡發毛的主題曲〈鬼新娘〉。

筆者是標準的殭屍片迷，基本上差不多所有港產的殭屍片都看過。可惜的是師徒三人組中，其中兩位已經仙遊，這經典組合也成絕響。不過經典就是經典，要重拍出來，效果一定有所不及。相信大家都寧願重溫舊影碟吧。

八 香　港
十年代回憶 II

29

福星荟列

文：列當度

　　八十年代港產片中，搞笑類別除了王晶的精裝追女仔系列和許冠傑的最佳拍擋系列外，不得不提今日為大家想寫一下的五福星電影系列。這系列一共有七部電影，由 1983 年第一部到 1996 年的第七部，期間跨越了 13 年。每一集的五福星組合略有不同，而馮淬帆和吳耀漢是唯二在每一集都有份參予的。第一部《奇謀妙計五福星》是香港嘉禾電影公司出品，以抗衡競爭對手新藝城出品的「最佳拍擋」系列電影，由洪金寶執導。主演有洪金寶、成龍、秦祥林、元彪、岑建勳、馮淬帆、吳耀漢。此片當時相當成功，在港票房達到 2200 萬。

　　八十年代初，「最佳拍擋」系列和五福星電影系列一直霸佔著香港電影票房的前列位置。世事如棋，嘉禾和新藝城後來還有合作，將洪金寶的「五福星」系列與麥嘉的「最佳拍擋」系列合併一部電影，那就是《最佳福星》。可說是最早期的電影 CROSSOVER。「五福星」系列的賣點是眾星雲集的豪華演員陣容，橋段詼諧有趣，有些笑料也涉及不文題材，這是上世紀八十年代香港電影常見的模式。「五福星」系列前面三集是由洪金寶執導，精采的武打動作，以及槍戰、爆破、飛車追逐等一連串讓人目不暇給，具有高度的娛樂性。筆者覺得是福星系列中可觀性最高的。

　　福星系列另一賣點就是有大量明星客串，《奇謀妙計五福星》開始，就有元彪，午馬，林正英和夏文汐等。之後越演越烈，到了《夏日福星》和《最佳福星》，明星的數量簡直目不暇給。

最後「五福星」系列最為人津津樂道的，當然就是每一集都有「養眼」女星性感演出。第一集還算比較溫和，因為在角色設定上，岑建勳飾演的「鬈毛積」會阻止其他四福星，不過排氣管隱身術那段，鍾楚紅穿著比基尼也算養眼。至於後面幾集，胡慧中、關之琳、童玲、劉嘉玲、呂少玲等人都是從頭到尾給人「抽水」，尤其是關之琳和劉嘉玲濕身透點的片段，至今仍是電影經典鏡頭。

1985 年的《福星高照》是福星系列票房最好的一部，突破三千萬港幣，完勝同屬賀歲檔期的新藝城《恭喜發財》。《福星高照》上映時就強調不是《奇謀妙計五福星》的續集，以新的人物上陣。《福星高照》可說是精裝版的《奇謀妙計五福星》，衣著布景變得光鮮亮麗，還到日本拍外景。

雖然吳耀漢不是福星系列的第一主角，不過筆者覺得他是福星系列中最出色的演員，他的搞笑能力及技巧每每讓人忍俊不已。最經典是第一集，「死氣喉」（吳耀漢）一直想學習什麼隱身術。結果被得知的四福星作弄，以為隱身術要成功必須要脫光衣服，最後當然是被拆穿，整段戲讓人捧腹大笑。吳耀漢為求表演真實，當時是全裸出鏡，一點也沒有遮擋。當年憑藉「死氣喉」這一角色還獲得香港電影金像獎最佳男主角的提名。

八　香　港
十年代回憶 II

30

夢在深秋—譚詩解

文：列當度

　　　　如果　命裡早注定分手；無需　為我假意挽留

　　　　如果　情是永恆不朽；怎會　分手

　　這幾句歌詞，相信 40 歲以上的讀者都會十分熟悉。無錯，就是《愛在深秋》，1984 年的作品，由譚詠麟主唱，林敏驄作詞，改編自韓國歌手趙容弼的《朋友啊》作品，作曲者為李鎬俊。先不論現在香港人對譚詠麟的評價，但在八十年代，譚詠麟無可否認是香港的一位最受歡迎的偶像歌手，當然，他的經典歌曲不少，當中，以情歌最為出色。《愛在深秋》是收錄在 1984 年的譚詠麟個人第八張專輯《愛的根源》裡。

　　1984 年可說是譚詠麟的歌唱事業到達巔峰時期的一年，他在這年推出《霧之戀》和《愛的根源》兩張專輯，兩張專輯都大受歡迎，為譚贏得不少獎項。其中，《愛在深秋》贏得了 1984 年十大中文金曲、1984 年十大勁歌金曲及同年十大勁歌金曲金獎。另外，誇張的是 1984 年度無綫十大勁歌的季選歌曲 40 首中他一人獨佔 10 首。《霧之戀》、《愛的根源》、《愛情陷阱》這三張以浪漫情歌為主要風格的唱片，開創香港樂壇的全新風格，故被稱為「愛情三部曲」。

　　《愛在深秋》從詞、曲到譚詠麟的演繹，能感受到那種淡淡的哀愁，但卻絕沒有悲傷和痛苦，事實上譚詠麟很多前期的經典歌曲都帶有這種「哀而不傷」的風格。

　　《愛在深秋》寫分手，在藝術上還有另一重要特色，就是把分手的過程分作三個階段。就是「以後讓我倚在深秋，回憶逝去的愛在心頭，回憶在記憶中的我，今天曾淚流」和最後的「有日讓你倚在深秋，回憶別去的我在心頭，回憶在這一刻的你，也曾淚流」這兩段。寫分手，直接寫分手時的情形是第一階段，想像分手以後的情形是第二階段，而寫若干年後再來回憶今日分手的情形是第三階段。而在第三階段著筆的好作品極少，因此不能不說是《愛在深秋》的一大特色。

　　最後，當然不得不提《愛在深秋》的作詞人林敏驄，他在 1981 開始發表填詞作品。說到填詞靈感，林敏驄自爆全是他的真人真事，舉例說：「《愛在深秋》靈感是拍拖時一張舊照，那個女孩不知是倚着電燈柱還是一棵樹，所以有『讓我倚在深秋』這句歌詞。」《愛在深秋》也為林敏驄贏得了填詞獎。

國家圖書館出版品預行編目資料

香港八十年代回憶II／許思庭、剛田武、列當度　合著. ─初版.─
　臺中市：天空數位圖書　2020.12
　面：公分
　ISBN：978-986-5575-04-5（平裝）

　1. 歷史　2. 香港特別行政區

673.82　　　　　　　　　　　　　　　　　　109020237

發　行　人：蔡秀美
出　版　者：天空數位圖書有限公司
作　　　者：許思庭、剛田武、列當度
編　　　審：瑪加烈
攝　　　影：老溫
製 作 公 司：盈駿有限公司
版 面 編 輯：採編組
美 工 設 計：設計組
出 版 日 期：2020 年 12 月（初版）
銀 行 名 稱：合作金庫銀行南台中分行
銀 行 帳 戶：天空數位圖書有限公司
銀 行 帳 號：006-1070717811498
郵 政 帳 戶：天空數位圖書有限公司
劃 撥 帳 號：22670142
定　　　價：新台幣 470 元整
電子書發明專利第 I 306564 號

※　如有缺頁、破損等請寄回更換

Family Sky

紙本書編輯印刷：
電子書編輯製作：
天空數位圖書公司　E-mail：familysky@familysky.com.tw　http://www.familysky.com.tw/
地址：40255台中市南區忠明南路787號30F國王大樓　Tel：04-22623893　Fax：04-22623863